KB217222

새 가족
안내서

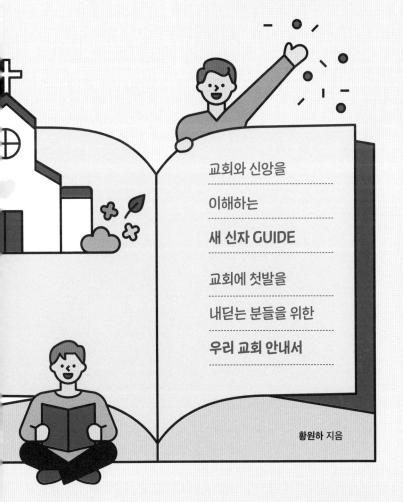

환영합니다.

교회에 등록하신 새 가족 여러분을 진심으로 환영합니다. 교회에 처음 나오면 많은 부분에서 생소함과 어색함을 느낍니다. 따라서 교회에 처음 나오신 새 가족이 신앙생활과 교회 생활에 잘 적응하도록 도와드리기 위해서 이 책자를 만들었습니다. 이 책자를 통해서 교회를 이해하고 기독교의 기본 진리를 배울 수 있기를 바랍니다.

교회의 새 가족에게는 새 가족 섬김이가 함께합니다. 새 가족 섬김이는 앞으로 4주간 이 책자를 가지고 여러분을 도와드릴 것입니다. 새 가족 섬김이와 더불어 이 과정을 진행하는 동안 자연스럽게 신앙생활의 첫걸음을 내디딜 수 있고 교회 생활에 익숙해질 수 있을 것입니다. 공부하면서 궁금하시거나 부탁하실 것이 있으면 언제든지 섬김이에게 말씀해 주십시오.

교회

담임목사

제가 잘 섬기겠습니다

안녕하세요? 교회에 등록하신 여러분을 진심으로 환영합니다. 저는 여러분이 교회에 잘 정착하실 수 있도록 도와드릴 새 가족 섬김이입니다. 앞으로 4주간 이 책자를 가지고 저와 함께하시면 신앙생활과 교회 생활에 관한 기본적인 지식을 얻으실 수 있습니다. 여러분이 교회에 잘 정착하시도록 최선을 다해서 돕겠습니다.

섬김이:

연락처:

차례

제1부
네 번의 만남

제2부
네 개의 기초

제1부
네 번의 만남

첫 번째 만남
우리 교회를 소개합니다.

두 번째 만남
하나님은 누구십니까?

세 번째 만남
구원은 어떻게 받습니까?

네 번째 만남
믿음이 성장하려면 어떻게 해야
합니까?

우리 교회를 소개합니다

이제 당신은 우리 교회 교인입니다. 오늘 첫 번째 만남에서는 우리 교회를 소개해 드리겠습니다. 사람이 자기 가정을 알아야 하는 것처럼 교인은 자기 교회를 알아야 합니다.

1. 교회의 역사

- 교회 설립일:
- 교회 연락처:
- 교단과 노회(지방회):
- 교회가 설립된 간략한 과정:

2. 교회의 목표

우리 교회는 성경에 나타난 교회관에 근거하여 다음과 같은 목표를 가지고 있습니다. 우리는 이 목표를 이루기 위하여 부단히 노력하고 있습니다. 당신도 이 목표에 함께해 주십시오.

1) 하나님께 예배드리는 교회

2) 성경을 가르치는 교회

3) 사랑으로 교제하는 교회

4) 이웃에게 봉사하는 교회

5) 인재를 양성하는 교회

6) 나라를 위해 기도하는 교회

7) 세계 선교에 힘쓰는 교회

3. 교회를 섬기는 이들

우리 교회는 교인들을 섬기기 위해 담임목사를 중심으로 교역자들과 직분자들을 두고 있습니다. 담임목사를 비롯한 교역자들과 직분자들은 모든 교인을 따뜻하고 헌신적인 사랑으로 섬길 것입니다.

1) **담임목사**: 교회를 대표합니다. 교회 전반을 돌보며 말씀을 전합니다.

2) **교역자**: 부목사, 강도사, 전도사 등이 있습니다. 교육 프로그램을 담당합니다.

3) **직분자**: 장로, 집사, 권사 등이 있습니다. 교회 규정에 명시된 일을 합니다.

4) **기타**: 교회학교 교사, 찬양대원, 구역장, 사역부서장 등이 있습니다. 각자 주어진 재능을 활용하여 맡은 부서에서 봉사합니다.

4. 전도회, 구역, 교육 부서

우리 교회는 교회의 목표를 효율적으로 이루기 위하여 전도회(선교회)와 구역(셀그룹, 목장)과 교육 부서를 두고 있습니다. 교회의 모든 교인은 이 기관에 속하여 활동하면서 믿음과 사랑을 나눕니다. 교회 안내서(요람)를 참고하셔서 해당하는 기관에 가입하시기를 바랍니다.

1) **전도회(선교회)**: 성별과 나이에 따라 구성된 전도회
   에 가입하셔서 다양한 활동을 하실 수 있습니다.

2) **구역(셀그룹, 목장)**: 거주 지역에 따라 조직된 구역에
   가입하셔서 교인들과 교제를 나누실 수 있습니다.

3) **교육 부서**: 학령에 따라 유치부, 초등부, 중·고등부,
   대학부, 청년회 등에서 교육받을 수 있습니다.

5. 교육 프로그램

우리 교회는 교인들의 신앙생활을 돕기 위하
여 체계적인 교육 프로그램을 갖추고 있습
니다. 새 가족 섬김이와 의논하셔서 자신에
게 적합한 프로그램에 참여하셔서 공부하시
기를 바랍니다. 그리고 자녀의 경우 연령대에
맞는 교육 부서에 보내 주시면 정성껏 교육
하겠습니다.

1) **장년을 위한 교육 프로그램**:

2) **자녀를 위한 교육 프로그램**:

6. 유아세례, 학습, 세례, 입교

우리 교회는 성경의 가르침과 총회 헌법에 따라 유아세례, 학습, 세례, 입교를 시행합니다. 시행일은 미리 공고되며 신청하시면 일정 기간 공부하신 후 받으실 수 있습니다. 신청 자격은 다음과 같습니다(개별 총회에 따라 약간의 차이가 있음).

1) **유아세례**: 만 36개월 이하의 아기로 부모 중 한 명 이상이 세례 교인인 가정의 자녀
2) **학습**: 신앙생활을 시작하여 교회에 6개월 이상 출석한 만 14세 이상 된 교인
3) **세례**: 학습을 받은 지 6개월 이상 된 교인
4) **입교**: 유아세례를 받고 만 14세 이상 된 교인

7. 교인의 혜택

교역자들과 직분자들은 소속된 모든 교인을 성심껏 섬기겠습니다. 언제든지 기도해 드리

고 신앙상담을 해 드리겠습니다. 무슨 일이든 주저하지 마시고 문의하시거나 부탁하십시오.

▶ 교회의 중요성 ◀

종교개혁자 장 칼뱅은 "하나님께서 모든 신자의 공통된 아버지시며, 그리스도께서 형제의 사랑 안에서 연합되어 있는 자들의 공통된 머리라는 사실을 진정으로 깨닫고 믿는다면, 자기들의 은혜들을 서로 나누지 않을 수가 없다"라고 말했습니다(기독교강요, 제4권 1장). 이는 모든 신자가 반드시 교회에 가입해야 한다는 뜻입니다. 신자의 교회 가입이란 단지 교인명부에 이름을 올리고 정기적으로 예배에 참여하는 것만이 아니라 그것을 넘어서서 다른 그리스도인들과 형제자매의 관계를 형성하는 것을 의미합니다. 즉 교회를 '하나님의 가정'으로 여기면서 사랑과 은혜를 공유하는 것을 뜻합니다. 훌륭한 신앙고백서 가운데 하나인 네덜란드 신앙고백서 제28항은 "교회 모임 바깥에는 결코 구원이 없다"라고 선언합니다. 이는 매우 강하게 들립니다. 정말 교회 모임 바깥에는 구원이 없을까요? 교회에 다니지 않으면 구원받지 못할까요? 네덜란드 신앙고백서의 진술은 고대의 위대한 신학자 키프리아누스(Cyprianus)가 "교회 바깥에는 구원이 없다"라고 말한 것에 근거합니다. 그는 "교회를 어머니로 모시지 않으면 하나님을 아버지로 모실 수 없다"라고 언급했습니다. 신앙고백서 가운데 가장 널리 알려진 웨스트민스터 신앙고백서 제25장 역시 "교회를 떠나서는 특별한 경우가 아니고서 구원받을 가능성이 없다"라고 진술합니다. 이는 교회와 구원이 필수 불가결한 관계를 지님을 뜻합니다. 어떤 사람들은 구원을 개인적인 것이라고 여깁니다. 그래서 혼자 주님을 잘 믿으면 된다고 생각합니다. 하지만 구원은 개인적인 것이 아닙니다. 혼자 구원받을 수 없습니다. 이는 어린아이가 스스로 태어날 수 없거니와 혼자 자랄 수도 없는 것과 마찬가지입니다. 구원은 교회적인 것입니다. 여기서 교회적이라 함은 교회가 신자의 어머니, 즉 생산자이자 양육자라는 뜻입니다. 신자는 교회가 전하는 복음을 통해서 구원받고, 교회의 양육과 보살핌에 의해서 자랍니다. 그리고 교회를 통해서 태어나고 성장한 교인은 또 다른 사람을 영적으로 생산하며 양육합니다.

황원하, 『네덜란드 신앙고백서 해설』, 월간고신 생명나무

1. 교회에 나오시게 된 계기는 무엇인가요?

_____

_____

_____

2. 교회에 나오셔서 받은 첫 느낌은 무엇인가요?

_____

_____

_____

3. 교회에 나오실 때 지장을 주는 것이 있나요?

_____

_____

_____

4. 교회에 나오셔서 가장 좋은 것과 가장 어색한 것
   은 무엇인가요?

---

5. 교회에 대한 바람이나 희망 사항이 있나요?

하나님은 누구십니까?

지난 첫 번째 만남은 어떠셨나요? 오늘 두 번째 만남에서는 우리가 믿는 하나님이 누구신지에 대해서 배우겠습니다. 하나님이 누구신지를 아는 것은 기독교 신앙의 출발점입니다.

1. 하나님은 스스로 계시는 분입니다

출애굽기 3:14 "하나님이 모세에게 이르시되 나는 스스로 있는 자이니라"

하나님의 이름은 '여호와'인데, 이는 '스스로 계시는 분'이라는 뜻입니다. 하나님은 만들어지거나 저절로 생성되지 않았습니다. 하나님은 영원 전부터 스스로 계셨습니다. 하나님은 온 우주에서 유일한 자존자시며 절대자십니다.

2. 하나님은 세상을 창조하셨습니다

창세기 1:1 "태초에 하나님이 천지를 창조하시니라"

로마서 1:20 "창세로부터 그의 보이지 아니하는 것들 곧 그의 영원하신 능력과 신성이 그가 만드신 만물에 분명히 보여 알려졌나니 그러므로 그들이 핑계하지 못할지니라"

세상이 우연히 만들어졌다고 생각하는 사람들이 있습니다. 그러나 세상은 우연히 만들어지지 않았습니다. 하나님께서 세상을 만드셨습니다. 우리는 세상의 경이로움과 신비로움 속에서 창조주 하나님을 발견할 수 있습니다.

3. 하나님은 사랑이십니다

요한복음 3:16 "하나님이 세상을 이처럼 사랑하사 독생자를 주셨으니 이는 그를 믿는 자마다 멸망하지 않고 영생을 얻게 하려 하심이라"

요한일서 4:16 "하나님이 우리를 사랑하시는 사랑을 우리가 알고 믿었노니 하나님은 사랑이시라 사랑 안에 거하는 자는 하나님 안에 거하고 하나님도 그의 안에 거하시느니라"

하나님은 우리를 만드신 창조주시며, 따라서 우리의 아버지십니다. 아버지 하나님은 우리를 너무나 사랑하십니다. 하나님은 우리를 사랑하셔서 그분의 독생자 예수님을 이 땅에 보내어 주심으로 우리를 구원하셨습니다. 하나님이 우리를 사랑하셨으니 우리도 하나님을 사랑해야 합니다.

4. 하나님은 거룩하십니다

레위기 11:45 "나는 너희의 하나님이 되려고 너희를 애굽 땅에서 인도하여 낸 여호와라 내가 거룩하니 너희도 거룩할지어다"

하나님은 거룩하십니다. '거룩'이란 '분리'를

뜻합니다. 하나님은 죄와 악으로부터 절대적으로 분리되신 분입니다. 즉 하나님에게는 어떠한 죄와 악도 없습니다. 하나님이 거룩하시니 우리도 거룩해야 합니다. 우리는 죄를 짓지 말아야 합니다. 죄를 지으면 반드시 회개해야 합니다.

5. 하나님은 삼위일체로 존재하십니다

고린도후서 13:13 "주 예수 그리스도의 은혜와 하나님의 사랑과 성령의 교통하심이 너희 무리와 함께 있을지어다"

하나님은 삼위일체로 존재하십니다. 삼위일체란 성부 하나님, 성자 예수님, 성령 하나님이 한 분이면서 동시에 세 분이라는 뜻입니다. 삼위일체는 기독교의 핵심 교리로서 반드시 이해하고 믿어야 할 진리입니다. 하지만 지금 단계에서 삼위일체 교리를 이해하기란 쉽지 않습니다. 앞으로 성경과 교리를 공부하면서 이 중요한 교리를 터득해 나가시길 바랍니다.

6. 예수 그리스도는 하나님의 아들이시며 중보자이십니다

마태복음 3:17 "하늘로부터 소리가 있어 말씀하시되 이는 내 사랑하는 아들이요 내 기뻐하는 자라 하시니라"

디모데전서 2:5 "하나님은 한 분이시요 또 하나님과 사람 사이에 중보자도 한 분이시니 곧 사람이신 그리스도 예수라"

예수님은 하나님의 아들이십니다. 예수님은 완전한 하나님이신 동시에 완전한 인간이십니다. 예수님은 성령으로 말미암아 동정녀 마리아의 몸에서 태어나셨습니다. 예수님은 우리의 죄를 없애 주시기 위하여 십자가에서 돌아가셨으나, 사흘 만에 부활하셨고, 이후

하늘나라로 올라가셨는데, 언젠가 다시 오실 것입니다. 또한, 예수님은 유일한 '중보자'이십니다. '중보자'(仲保者, mediator)란 하나님과 인간을 연결해 주는 분을 가리킵니다. 우리는 오직 예수님을 통해서 하나님께 나아갈 수 있습니다.

7. '예수 그리스도'라는 이름의 의미

1) **예수**: '예수'라는 이름은 천사가 지시한 것으로 '자기 백성을 그들의 죄에서 구원할 자'라는 뜻입니다(마태복음 1:21).

2) **그리스도**: 예수님은 '그리스도'라고 불립니다. '그리스도'는 '메시아'와 같은 말인데, '기름 부음을 받은 자'라는 뜻입니다. 기름 부음을 받았다는 것은 하나님의 성령에 의해서 특정한 직위를 받았음을 의미합니다. 구약시대에는 왕(다스리는 자), 선지자(말씀을 전하는 자), 제사장(제사를 집례하는 자)을 임명할 때 기름을 부었습니다. 따라서 예수님은 왕, 선지자, 제

사장의 사역을 하시는 분임을 알 수 있습니다.

8. 성령님은 하나님의 영이시며 예수님의 영이십니다

로마서 8:9 "만일 너희 속에 하나님의 영이 거하시면 너희가 육신에 있지 아니하고 영에 있나니 누구든지 그리스도의 영이 없으면 그리스도의 사람이 아니라"

성령님은 하나님의 영이시며, 또한 예수님의 영이십니다. 성령님은 우리로 하여금 예수님을 믿게 하심으로 하나님의 자녀가 되게 하십니다. 성령님은 우리가 예수님을 믿는 순간부터 우리 안에 거주하시면서 우리의 구원이 일평생 지속되게 하시고 우리가 하나님의 뜻을 따라 살아갈 수 있게 하십니다. 그러므로 구원받은 사람은 항상 성령님의 도우심을 구해야 합니다.

9. 성령님의 명칭

성경에서 성령님은 다양한 명칭을 가지고 계십니다. 이 명칭은 성령님이 하시는 일을 가르쳐줍니다.

명칭: 하나님의 영(창세기 1:2), 그리스도의 영(로마서 8:9), 예언의 영(요한계시록 19:10), 보혜사(요한복음 14:16, 26, 11:26, 16:7-8, 13), 살리는 영(요한복음 6:63, 로마서 8:11, 고린도후서 3:6, 베드로전서 3:18), 성결의 영(로마서 1:4), 생명의 성령(로마서 8:2), 아들의 영(갈라디아서 4:6), 아버지의 성령(마태복음 10:20), 영광의 영(베드로전서 4:14), 영원하신 성령(히브리서 9:14), 진리의 영(요한복음 14:17, 15:26, 16:13, 요한일서 4:6) 등

▶ 하나님에 관한 지식 ◀

무엇보다도 하나님에 관한 바른 지식이 우선되어야 합니다. 하나님을 정확하게 알지 못하면 설혹 하나님만 믿고 섬긴다고 생각하지만,

하나님이 아닌 존재를 믿고 섬기는 일이 발생할 수 있으며, 하나님이 기뻐하시지 않는 방식으로 하나님을 섬기는 경우가 생길 수도 있습니다. 그러므로 인간에게는 하나님이 누구신지를 아는 것이 관건입니다. 하지만 유한한 인간은 무한하신 하나님을 알 수 없습니다. 오로지 하나님이 자신을 드러내 주셔야 알 수 있으며, 하나님이 자신을 드러내 주신 만큼만 알 수 있습니다. 하나님은 우리를 사랑하셔서 두 가지 경로로 자신을 드러내 주셨습니다. 먼저, 하나님은 자연 만물을 통해서 자신을 드러내 주셨는데(일반계시), 이것으로는 하나님의 존재와 성품을 어렴풋이 알 수 있을 뿐입니다. 다음으로, 하나님은 성경을 통해서 자신을 드러내 주셨는데(특별계시), 이를 통하여 하나님이 어떤 분이신지를 정확하게 알 수 있습니다. 성경은 하나님에 관한 이야기를 담고 있습니다. 성경의 주인공은 뛰어난 인물들이 아니며, 성경의 주된 관심사는 역사적 사실 진술이나 윤리적인 가르침 제시가 아닙니다. 그것들은 모두 부수적입니다. 성경은 하나님이 누구신지를 알려줍니다. 그리고 인간이 하나님을 어떻게 섬겨야 하는지를 깨닫게 해 줍니다. 성경은 하나님이 세상을 창조하신 이야기로 시작하며, 하나님이 역사 가운데 세상을 주권적으로 통치하신다는 사실을 말하고, 하나님이 우리를 위해 마련하실 영원한 나라에 관한 이야기로 끝마칩니다. 이렇게 하여 성경에 드러난 하나님의 속성은 창조자, 통치자, 구원자, 보호자, 영원불변하신 분, 전지전능하신 분, 무소부재하신 분, 사랑과 자비가 풍성하신 분, 우리를 지극히 사랑하시는 분 등입니다.

황원하, 『기독교 사용 설명서: 십계명』, 세움북스

▸나눔◂

1. 지금까지 하나님, 예수님, 성령님을 어떤 분으로
   알고 있었나요?

   ....

   ....

   ....

2. 예배에 참석하고 설교를 들을 때 하나님이 어떤 분
   으로 이해되시나요?

   ....

   ....

   ....

3. 세상의 많은 사람들이 하나님을 믿지 않는 이유는
   무엇일까요?

   ....

   ....

   ....

4. 하나님이 살아계신다는 것을 어떻게 알 수 있을
   까요?

   _____

   _____

   _____

5. 하나님을 더 잘 알기 위해서 무엇을 해야 할까요?

   _____

   _____

   _____

구원은 어떻게 받습니까?

여기까지 오시느라 수고가 많으셨습니다. 오늘 세 번째 만남에서는 구원에 관하여 배우겠습니다. 구원에 관한 지식은 지난번에 배운 하나님에 관한 지식에 기초합니다. 왜냐하면 구원은 하나님이 하시는 일이기 때문입니다.

1. 구원이란 무엇입니까?

구원은 '영생'(永生, 영원한 생명)을 얻는 것을 뜻합니다. 성경은 구원을 '중생'(重生, 거듭남), '칭의'(稱義, 의롭게 됨), '구속'(救贖, 죄용서 받음) 등으로 표현하기도 합니다. 하나님은 모든 사람이 구원받기를 원하십니다.

디모데전서 2:4 "하나님은 모든 사람이 구원을 받으며 진리를 아는 데에 이르기를 원하시느니라"

2. 구원은 어떻게 받습니까?

1) 자신이 죄인임을 인정해야 합니다

로마서 3:23 "모든 사람이 죄를 범하였으매 하나님의 영광에 이르지 못하더니"

첫 사람(인류의 대표자) 아담의 범죄 때문에 모든 사람은 죄인이 되었습니다. 그리고 죄의 결과로 죽음이 찾아왔습니다. 죽음은 하나님과 인간의 영원한 분리를 뜻합니다. 이러한 분리는 인간이 겪는 모든 불행의 원인이 됩니다. 따라서 구원의 첫 단계는 자신이 죄인임을 인정하는 것입니다.

2) 인간의 힘으로 구원받지 못합니다

에베소서 2:8-9 "너희는 그 은혜에 의하여 믿음으로 말미암아 구원을 받았으니 이것은 너희에게서 난 것이 아니요 하나님의 선물이라 행위에서 난 것이 아니니 이는 누구든지 자랑하지 못하게 함이라"

인간은 범죄로 인하여 완전히 타락했습니다. 그리하여 인간 자신의 힘으로는 죄와 죽음의 문제를 해결하지 못하게 되었습니다. 인간이 만든 종교, 윤리, 철학, 과학 등은 결코 인간을 하나님 나라로 이끌지 못합니다. 그것들은 우리가 찾는 참 행복의 길로 안내하지 못합니다.

3) 예수님을 믿어야 구원받습니다

마태복음 1:21 "아들을 낳으리니 이름을 예수라 하라 이는 그가 자기 백성을 그들의 죄에서 구원할 자이심이라 하니라"

요한복음 1:12 "영접하는 자 곧 그 이름을 믿는 자들에게는 하나님의 자녀가 되는 권세를 주셨으니"

오직 하나님의 아들이신 예수님을 믿어야 구원받습니다. 예수님을 믿는다는 것은 예수님을 마음에 모셔 들인다는 뜻입니다.

다음의 기도로 예수님을 모셔 들이십시오.

구원을 위한 기도

"주님, 저는 죄인입니다. 저에게는 주님의 용서가 필요합니다. 저는 예수님께서 저의 죄를 용서하시기 위해 십자가에서 돌아가신 것을 믿습니다. 이제는 죄로부터 돌이켜서 영원히 주님과 함께 살기를 원합니다. 제 마음의 문을 열고 주님께서 저의 마음과 삶에 들어오시도록 영접합니다. 이제 주님을 저의 구원자로 모시고 살기를 원합니다. 앞으로는 주님을 의지하며 따르겠습니다. 저를 주님의 자녀로 삼아 주십시오. 예수님의 이름으로 기도드립니다. 아멘."

3. 구원의 확신

예수님을 영접함으로 구원받은 사람은 하나님의 자녀가 되었습니다. 하나님의 자녀는 자신이 받은 구원을 확실히 믿고 의심하지 말아야 합니다. 이것을 '구원의 확신'이라고 부릅니다. 구원의 확신은 다음 세 가지에 의해서 더욱 견고해집니다.

1) 하나님의 말씀이 구원의 확신을 증명합니다

요한일서 5:1 "예수께서 그리스도이심을 믿는 자마다 하나님께로부터 난 자니 또한 낳으신 이를 사랑하는 자마다 그에게서 난 자를 사랑하느니라"

요한일서 5:12-13 "아들이 있는 자에게는 생명이 있고 하나님의 아들이 없는 자에게는 생명이 없느니라 내가 하나님의 아들의 이름을 믿는 너희에게 이것을 쓰는 것은 너희로 하여금 너희에게 영생이 있음을 알게 하려 함이라"

하나님의 말씀인 성경은 예수님을 믿는 사람이 구원받는다는 사실을 분명히 알려줍니다. 말씀에 근거하여 당신의 구원을 확신하십시오. 당신이 가진 지식과 감정과 환경 등으로 구원의 확신이 흔들리지 않게 하십시오. 오직 말씀 위에 굳건하게 서 있으십시오.

2) 성령님이 마음에 구원의 확신을 주십니다

고린도전서 12:3 "그러므로 내가 너희에게 알리노니 하나님의 영으로 말하는 자는 누구든지 예수를 저주할 자라 하지 아니하고 또 성령으로 아니하고는 누구든지 예수를 주시라 할 수 없느니라"

우리가 예수님을 믿는 순간 성령님이 우리 안에 들어오셔서 우리에게 강한 믿음을 주십니다. 성령님이 주시는 감동으로 당신의 구원을 확신하십시오. 성령님이 느껴지지 않는다고 의심하지 마십시오. 성령님은 초월적으로 당신 안에 거주하십니다. 성령님의 실재를 믿으십시오.

3) 구원의 확신은 변화된 삶으로 이어집니다.

요한일서 2:3-6 "우리가 그의 계명을 지키면 이로써 우리가 그를 아는 줄로 알 것이요 그를 아노라 하고 그의 계명을 지키지 아니하는 자는 거짓말하는 자요 진리가 그 속에 있지 아니하되 누구든지 그의 말씀을 지키는 자는 하나님의 사랑이 참으로 그 속에서 온전하게 되었나니 이로써 우리가 그의 안에 있는 줄을 아노라 그의 안에 산다고 하는 자는 그가 행하시는 대로 자기도 행할지니라"

구원받은 당신은 자연스럽게 변화된 삶을 살 것입니다. 이는 당신 안에 새로운 생명(영생)이 있기 때문입니다. 이제 당신의 생각과 가치관과 언어와 표정과 행동이 밝고 긍정적으로 바뀔 것입니다.

▸구원, 참된 위로◂

우리는 본성적으로 무능하고 무력하며 사악하기 때문에 외부로부터의 구원자가 필요합니다. 이에 하나님은 우리를 위하여 예수 그리스도를 보내 주셨습니다. 하나님은 예수 그리스도를 통하여 우리를 죄와 비참함으로부터 구원하셨습니다. 이 말은 무슨 뜻일까요? 이스라엘은 하나님을 반역하여 심판받아 바벨론에 포로로 잡혀갔지만, 하나님은 여전히 그들을 사랑하셔서 버리지 않으셨습니다. 하나님은 선지자 이사야를 통해서 위로의 말씀을 주셨습니다. "너희의 하나님이 이르시되 너희는 위로하라 내 백성을 위로하라 너희는 예루살렘의 마음에 닿도록 말하며 그것에게 외치라 그 노역의 때가 끝났고 그 죄악이 사함을 받았느니라 그의 모든 죄로 말미암아 여호와의 손에서 벌을 배나 받았느니라 할지니라 하시니라"(이사야 40:1-2). 장차 이스라엘 백성들은 하나님의 용서를 받고 그분의 위로를 받을 것입니다. 그러나 하나님의 위로는 이스라엘 백성들이 바벨론으로부터 돌아옴으로써 주어지는 것이 아니었습니다. 오늘날 사람들은 하나님이 건강과 물질의 복을 주시고 평화로운 환경을 주심으로 우리를 위로하신다고 생각하면서 그러한 복을 갈구합니다. 그러나 그것은 일시적이며 제한적입니다. 우리는 거기에 머물지 말고 영원한 만족과 위로를 구해야 합니다. 그렇다면 하나님은 어떻게 우리를 영원히 위로하실까요? 바로 예수 그리스도를 통하여 우리를 위로하십니다! 이것은 누가복음 2:25에서 시므온에 대하여 "이 사람은 의롭고 경건하여 이스라엘의 위로를 기다리는 자라"라고 말한 것으로부터 드러납니다. 여기서 '이스라엘의 위로'란 예수 그리스도의 오심을 가리킵니다. 시므온은 예수 그리스도가 오시는 것을 위로라고 보았습니다. 인간이 당하는 모든 고통은 하나님이 그를 버리셨다는 사망 선언에 근거합니다. 모든 고통은 하나님과 인간 사이의 단절로 인하여 생긴 것이기 때문에 오직 예수 그리스도의 화목하게 하시는 사역(중보)을 통해서 사라질 수 있습니다. 그 외에 다른 길은 없습니다.

황원하, 『하이델베르크 요리문답 해설』, 교회와 성경

▶ 나눔 ◀

1. 사람이 살아가면서 겪는 어려움은 무엇이며, 그것
   의 근본적인 원인은 무엇일까요?

   _____

   _____

   _____

2. 구원이란 무엇이며, 구원을 어떻게 받을 수 있나
   요?

   _____

   _____

   _____

3. 구원받은 사람과 구원받지 못한 사람의 차이는 무
   엇일까요?

   _____

   _____

   _____

4. 구원받은 사람은 어떤 인생을 살아가게 될까요?

_____

_____

_____

5. 당신은 다른 사람들에게 구원에 관한 소식을 전하
고 싶나요?

_____

_____

_____

믿음이 성장하려면
어떻게 해야 합니까?

어느덧 마지막 만남을 가지게 되었군요. 지난 세 번의 만남이 당신에게 도움이 되었기를 바랍니다. 오늘 마지막 만남에서는 믿음이 성장하는 방법에 대해서 배우겠습니다. 믿음이 성장하기 위해서는 다음을 실천하셔야 합니다.

1. 교회에 반드시 나오십시오

마태복음 16:18 "내가 이 반석 위에 내 교회를 세우리니 음부의 권세가 이기지 못하리라"

믿음이 성장하기 위해서는 무엇보다도 교회에 나오셔야 합니다. 우리 교회는 믿음 성장을 위한 체계적인 교육 프로그램을 갖추고 있습니다. 새 가족 섬김이의 안내에 따라 당신의 수준과 여건에 맞는 교육 프로그램에 참여하십시오. 이러한 교육 프로그램에 따라 교육받다 보면 자연스럽게 믿음이 성장할 것입니다. 아울러 교육 프로그램에 참여함으로써 교회 생활에 빠르게 적응하실 수 있고 다른 그리스도인들과 좋은 교제도 나누실 수 있습니다.

2. 예배드리십시오

요한복음 4:23 "아버지께 참되게 예배하는 자들은 영과 진리로 예배할 때가 오나니 곧 이 때라 아버지께서는 자기에게 이렇게 예배하는 자들을 찾으시느니라"

예배는 신자들이 몸과 마음을 바쳐 하나님께 찬송과 경배를 올려 드리는 행위입니다. 교회에서 정한 예배 시간에 오셔서 예배드리십시오. 예배드릴 때는 찬송을 힘차게 부르시고, 기도를 진실하게 하시며, 설교를 잘 들으시되 주보에 있는 '오늘의 설교 노트'를 참고하시길 바랍니다. 혹시 사정이 생겨서 예배에 참석하지 못하신다면 유튜브 영상을 통해서라도 꼭 예배드리시기를 바랍니다. 하나님은 당신의 예배를 받기 원하십니다. 하나님은 예배 가운데 임하셔서 신자들을 만나 주시고 복을 주십니다.

3. 기도하십시오

시편 34:4 "내가 여호와께 간구하매 내게 응답하시고 내 모든 두려움에서 나를 건지셨도다"

마태복음 7:7-8 "구하라 그리하면 너희에게 주실 것이요 찾으라 그리하면 찾아낼 것이요 문을 두드리라 그리하면 너희에게 열릴 것이니 구하는 이마다 받을 것이요 찾는 이는 찾아낼 것이요 두드리는 이에게는 열릴 것이니라"

기도는 하나님과의 대화입니다. 기도는 오직 구원받은 그리스도인들만이 할 수 있는 특권입니다. 우리는 기도를 통하여 하나님께 감사를 표현하며, 죄를 용서받고, 필요한 것을 간구합니다. 매일 시간을 정해 두고 기도하십시오. 항상 주님의 이름을 부르며 아뢰십시오. 교회에서 나누어 드리는 '기도 수첩'을 사용하시면 효율적으로 기도하실 수 있습니다. 교회의 공적인 기도 모임에 나오셔서 기도하시기를 권합니다(수요기도회, 금요기도회, 새벽기도회 등). 가능하다면 다른 경건한 그리스도인들과 함께 기도하시는 것도 좋습니다.

<기도 순서>

1) 하나님의 성품과 그분이 하신 일을 찬양하십시오.

2) 하나님께서 베풀어 주신 사랑과 은혜에 감사하십시오.

3) 자신의 죄를 정직하게 회개하십시오.

4) 자신의 필요를 구체적으로 간구하십시오.

5) 다른 사람들을 위해서 기도하십시오.

6) "예수님의 이름으로 기도합니다. 아멘"이란 말로 마치십시오.

4. 성경을 읽으십시오

디모데후서 3:16-17 "모든 성경은 하나님의 감동으로 된 것으로 교훈과 책망과 바르게 함과 의로 교육하기에 유익하니 이는 하나님의 사람으로 온전하게 하며 모든 선한 일을 행할 능력을 갖추게 하려 함이라"

성경은 하나님의 거룩한 말씀입니다. 성경은 정확하고 오류가 없는 진리입니다. 성경을 읽으면 하나님에 대하여 더욱 깊이 알 수 있고, 인생을 어떻게 살아야 할지에 대한 지혜와 통찰을 얻을 수 있습니다. 매일 성경을 읽으십시오. 성경을 더욱 자세히 알고 싶으시면 교회에서 마련한 성경 공부 프로그램에 등록하여 배우십시오.

1) **성경의 저자**: 성경은 1,600여 년에(구약 1,500년, 신약 100년) 걸쳐 40여 명의 사람들이 하나님의 영감을 받아 기록했습니다. 성경의 원저자는 하나님이십니다. 하지만 각 성경에는 인간 저자들의 특성이 반영되어 있습니다.

2) **성경의 구성**: 성경은 '구약'과 '신약'으로 구성되어 있습니다. '구약'은 '옛 약속'이란 뜻으로 오실 메시아(그리스도)에 대해서 예언하며, '신약'은 '새 약속'이란 뜻으로 오신 메시아(그리스도)가 이 땅에서 하신 사역을 기록합니다.

3) **성경의 기록 목적**: 성경이 기록된 목적은 크게 두 가지입니다. ① 하나님의 구원 계획을 알려주기 위해서 기록되었습니다. 성경은 구원자 예수님이 이 세상에 오신 과정과 그분을 믿음으로 구원받는 방법을 가르쳐 줍니다. ② 구원받은 사람의 합당한 삶을 알려주기 위해서 기록되었습니다. 우리는 율법(십계명: 출애굽기 20장)과 계명(산상수훈: 마태복음 5-7장)을 통하여 신자의 삶이 어떠해야 하는지를 깨달을 수 있습니다.

4) **성경을 공부하는 방법**: 설교 듣기, 성경 읽기, 성경 공부, 성경 암송, 성경 묵상 등이 있습니다. 새 가족으로서 가장 좋은 성경 공부 방법은 설교를 잘 듣는 것입니다.

5) **성경을 찾는 방법**: ① 성경의 목차를 익혀야 합니다(예. 창세기, 출애굽기, 레위기). ② 성경의 약자를 외워야 합니다(예. 마: 마태복음, 막: 마가복음, 눅: 누가복음). ③ 성경의 장과 절에 익숙해야 합니다(예. 요 3:16: 요한복음 3장 16절). ④ 성경을 찾는 연습을 해야 합니다.

5. 경건한 그리스도인들과 교제하십시오

요한복음 13:34-35 "새 계명을 너희에게 주노니 서로 사랑하라 내가 너희를 사랑한 것 같이 너희도 서로 사랑하라 너희가 서로 사랑하면 이로써 모든 사람이 너희가 내 제자인 줄 알리라"

경건한 그리스도인들과 교제하는 것은 굉장히 좋은 믿음 성장 방법입니다. 교회에는 경건한 그리스도인들이 많습니다. 그들과 친밀한 관계를 형성함으로써 신앙생활 전반에 대해 더욱 깊이 알 수 있습니다. 모든 그리스도인은 같은 하나님 아버지를 믿는 형제자매입니다. 그러므로 그리스도인들은 한 가족처럼 지내야 합니다. 당신은 예배 모임, 남녀 전도회 모임, 구역 모임, 교육 부서 모임, 공부 모임, 각종 봉사 모임 등에서 다른 그리스도인들과 교제할 수 있습니다.

성경은 다른 책들과 확연히 구별되는 거룩하고 신성한 책입니다. 성경은 단지 특정한 종교의 경전이 아니라 인류에게 주신 하나님의 계시입니다. 따라서 성경을 대하는 사람은 다른 책들을 대할 때와 사뭇 다른 태도를 보여야 합니다. 성경 이야기들은 역사적 신빙성을 가지며, 신앙적 허구성을 지니지 않습니다. 즉 성경은 실제로 일어난 일들에 근거하고 있으며, 사람들이 자신들의 신앙적 합리화를 위해 꾸며낸 가공의 이야기가 아닙니다. 우리는 성경의 정확성과 절대성을 인정해야 합니다. 심지어 하나님은 성경의 글자와 문구까지도 세심하게 간섭하셨습니다. 따라서 우리는 성경 내용뿐만 아니라 문예 형식까지도 신뢰해야 합니다. 이렇게 정확하고 오류가 없는 성경은 모든 세대의 모든 사람에게 실존적 의미를 부여합니다. 즉 성경에 드러난 하나님의 구속 사역을 통하여 영생과 구원의 길을 깨닫게 됩니다.

구원의 씨앗은 성경입니다. 믿음은 성경 말씀을 들음으로 생깁니다. 우리가 하나님을 만나고 경험하며 그분의 뜻을 아는 것은 오직 성경을 통해서 가능합니다. 성경은 하나님의 말씀이요 음성입니다. 성경은 신앙과 삶의 유일한 표준입니다. 그러므로 모든 그리스도인은 반드시 성경을 읽어야 하고 그 뜻을 이해해야 합니다. 그리고 더 나아가서 성경의 가르침에 순종해야 합니다. 성경은 지성적 만족만을 채워주기 위한 책이 아니라 믿음과 구원과 영적 성숙을 증진하기 위한 하나님의 계시입니다.

황원하,『40일간의 성경여행』, SFC 출판부

1. 예배드릴 때 어떤 생각과 감정이 생기시나요?

----

2. 예배를 잘 드리려면 어떻게 해야 할까요?

----

3. 기도하는 방법을 어떻게 배울 수 있을까요?

----

4. 성경을 잘 알기 위해서는 어떤 노력을 기울여야
   할까요?

   _____

   _____

   _____

5. 다른 그리스도인들과 교제하려면 어떻게 해야 할
   까요?

   _____

   _____

   _____

제 2 부
네 개의 기초

사도신경, 주기도문, 십계명

사도신경: 우리의 믿음

나는 전능하신 아버지 하나님
천지의 창조주를 믿습니다.
나는 그의 유일하신 아들,
우리 주 예수 그리스도를 믿습니다.
그는 성령으로 잉태되어
동정녀 마리아에게서 나시고,
본디오 빌라도에게 고난을 받아
십자가에 못 박혀 죽으시고,
장사된 지 사흘 만에
죽은 자 가운데서 다시 살아나셨으며,
하늘에 오르시어
전능하신 아버지 하나님 우편에 앉아 계시다가
거기로부터 살아 있는 자와 죽은 자를
심판하러 오십니다.
나는 성령을 믿으며, 거룩한 공교회와
성도의 교제와 죄를 용서받는 것과
몸의 부활과 영생을 믿습니다. 아멘.

주기도문: 우리의 기도

하늘에 계신 우리 아버지여,

이름이 거룩히 여김을 받으시오며,

나라가 임하시오며,

뜻이 하늘에서 이루어진 것 같이

땅에서도 이루어지이다.

오늘 우리에게 일용할 양식을 주시옵고,

우리가 우리에게 죄지은 자를 사하여 준 것같이

우리 죄를 사하여 주시옵고,

우리를 시험에 들게 하지 마시옵고,

다만 악에서 구하시옵소서.

나라와 권세와 영광이 아버지께

영원히 있사옵나이다. 아멘.

십계명: 우리의 실천

1. 나 외에는 다른 신들을 네게 두지 말라.
2. 너를 위하여 새긴 우상을 만들지 말고, 그것들을 섬기지 말라.
3. 네 하나님 여호와의 이름을 망령되게 부르지 말라.
4. 안식일을 기억하여 거룩하게 지키라.
5. 네 부모를 공경하라.
6. 살인하지 말라.
7. 간음하지 말라.
8. 도둑질하지 말라.
9. 네 이웃에 대하여 거짓 증거하지 말라.
10. 네 이웃의 집을 탐내지 말라. 아멘.

기독교 용어해설

1. 교회와 교인

» 기독교(基督敎): 그리스도교

» 개신교(改新敎): 로마 천주교에서 개혁된 교회

» 그리스도인(Christians): 그리스도에게 속한 사람, 그리스도를 따르는 사람

» 성도(聖徒): 거룩한 사람, 신자 = 신도 = 교인 = 그리스도인

» 교회: 교인들의 공동체, 일정한 형식을 갖추어야 함, 공회의 허락을 받아야 함

» 교회당: 예배당, 교회로 모이는 건물

» 성전: 하나님이 계시는 집(예루살렘 성전)

» 보편교회: 모든 교회는 하나의 유기적 공동체

» 지역교회: 각 지역에 세워진 개체교회

» 교파(교단): 장로교, 침례교, 순복음, 구세군, 감리교, 성결교 등(유사한 명칭을 사용하는 이단주의)

» 이단(異端): 정통교회에서 벗어난 집단(예. 여호와의 증인, 몰몬교, 통일교, 신천지, 구원파 등)

2. 성경의 핵심 진리

» 정경(正經, canon): 성경 66권(구약 39권+신약 27권)

» 외경(外經, apocrypha): 정경 66권 외의 책들, 신구약 중간기와 주후 1세기에 기록됨, 천주교회는 외경 일부를 정경으로 채택함

» 위경(僞經, pseudepigrapha): 정경과 외경에 들지 못한 책들, 유명인의 이름을 도용해서 기록한 책들, 외경 기록 시기와 유사함

» 복음(福音): 복된 소식, 기독교 교리(부분 혹은 전체)를 가리킴

» 교리(敎理): 성경의 교훈을 체계적으로 정리한 것

» 삼위일체(三位一體): 성부, 성자, 성령 - 세 분(삼위)이면서 한 분(일체)

» 구원(救援): 예수님이 우리 죄를 씻어 주신 것, 구속(救贖), 대속(代贖), 속죄(贖罪)라고도 함

» 속량(贖良): 몸값을 받고 풀어줌, 구원과 같은 말

» 중보자(仲保者, mediator): 하나님과 인간을 연결해 주는 분, 예수님은 유일한 중보자

» 제사: 구약시대에 짐승을 잡아서 하나님께 바친 의식 - 번제, 소제, 화목제, 속죄제, 속건제 등

» 초림: 예수님이 처음 오신 것, 예수님은 2,000 년 전 베들레헴에서 탄생하셨음

» 재림: 예수님이 다시 오시는 것, 예수님이 언제 오실지는 아무도 모름

» 우주적 종말: 세상의 마지막 날, 예수님이 재림하시는 날

» 개인적 종말: 개인의 마지막 날, 소천하는 날

3. 교회력: 특별한 날들

» 성탄절: 예수님이 탄생하신 날, 12월 25일로 지키나 정확한 탄생 날짜는 모름

» 부활절: 예수님이 다시 살아나신 날, 오늘날의 3-4월에 있음

» 성령강림절(오순절): 성령님이 강림하신 날, 오순절은 유월절에서 50일째 되는 날

» 맥추감사절: 밀 추수를 감사하는 날, 성령강림절(오순절)과 같은 날

» 추수감사절: 11월 셋째 주일에 지킴, 한 해를 돌아보면서 감사하는 날

» 기타: 신년감사주일(1월 첫 주일), 송구영신의 날 (12월 31일), 교회설립기념주일, 각종 기념주일 등

4. 교회의 직분

» 임직: 직분을 받는 것 - 투표를 통해서, 고시를 통해서, 임명을 통해서

» 목사가 되는 과정: 교단에 따라 다름, 대학교 4년 + 신학대학원 3년 + 강도사 2년 수련 후 목사고시에 합격하여 임직받음

» 담임목사: 교회의 책임자, 위임목사(정년)와 전임목사(임시)가 있음

» 부목사: 담임목사를 보좌하는 목사

» 강도사(講道師): 설교자 자격을 취득한 사람, 목사가 되기 전 수련 기간, 어떤 교단은 '준목'이라 함

» 전도사(傳道師): 신학대학교 혹은 신학대학원 재학생, 교육 부서를 담당함

» 장로: 남성, 어떤 교단은 여성도 장로로 세움, 투표를 통해 선출됨, 신앙과 덕망을 갖추어야 함

» 장립집사(안수집사): 남성, 투표를 통해 선출됨, 안수를 받고 임명됨, 재정과 구제 업무를 담당함

» 서리집사: 남성과 여성, 당회의 임명을 받음, 장립집사의 업무를 대행함

» 권사: 여성, 감리교는 남성을 권사로 세움, 투표를 통해 선출됨, 성도들을 돌보고 격려함

» 기타: 다양한 봉사의 일을 담당하기 위해서 직분자를 임명함

5. 교회의 회의

» 공동의회: 세례교인들의 협의체, 예결산, 교회 재산, 임직자 선출

» 당회: 목사와 장로의 모임, 교회 운영 기구

» 집사회: 집사들의 모임, 재정과 구제 업무를 논의함

» 제직회: 목사, 장로, 집사, 권사의 협의체, 재정 관리, 주요 안건 심의

» 전도회(선교회): 교회에 따라 구성이 다양함, 주

로 같은 성별과 비슷한 나이를 묶어서 조직함

» 월례회: 전도회나 기관이 매월 개최하는 정기
모임

» 총회(교단): 교단 소속 교회 전체, 노회들의 협
의체

» 노회(지방회): 같은 총회에 소속된 교회들의
지역 협의체

» 시찰회: 노회(지방회) 안에서 지역별로 구성된
교회 협의체

6. 예배와 예전

» 주일(主日, Lord's Day): 주님의 날, 예수님이
부활하신 날, 기독교에서는 일요일을 주일이
라고 함

» 예배: 하나님께 경배함, 신자를 교육함, 신자
들이 사랑으로 교제함

» 기도회: 주일예배 외의 모임(종류: 새벽, 수요, 금
요, 가정, 금식 기도회 등)

» 묵도(默禱): 소리를 내지 않고 조용히 기도함

» 찬송가: 찬송을 부르기 위해 사용하는 노래책

» 송영(頌咏): doxology = doxa(영광) + logos(말씀) → 찬양, 찬송

» 대표기도: 교회에 따라 다르지만, 주일 오전에는 장로, 오후에는 집사 혹은 권사가 담당함

» 찬양대: 성가대, 합창단(중창단), 오케스트라 등

» 설교: 목사가 말씀을 풀어서 가르치는 행위, 예배에서 가장 중요함

» 중보기도(仲保祈禱, intercession): 예수님이 우리를 위해 기도하시는 것

» 도고(禱告): 타인을 위한 기도, 중보기도라고도 함

» 안수기도: 몸에 손을 얹고 기도하는 것 - 주로 직분을 임명할 때, 병자를 위해서

» 교독문: 찬송가 뒤에 있음, 특정 주제를 담고 있음, 성경을 번갈아 가며 읽음

» 헌금: 하나님께 드리는 물질 - 십일조, 감사헌금, 주일헌금 등

» 십일조: 소득의 1/10을 하나님께 드리는 것, 신자의 기본 의무

» 축도(祝禱): 복 선포, 강복 선언, 축복기도가

아님, 목사만 축도할 수 있음

» 주보(週報): 매주 나오는 소식지, 예배순서, 교회 행사, 각종 광고 수록, 홈페이지에서 확인 가능

7. 세 가지 주요 문서

» 사도신경: 무엇을 믿을 것인가? - 삼위일체적 기술(세 번의 '믿습니다'로 구성됨)

» 주기도문: 어떻게 기도할 것인가? - 예수님이 가르쳐 주신 기도의 모범, 원리, 방법

» 십계명: 무엇을 지킬 것인가? - 성도가 반드시 지켜야 하는 열 가지 규범

8. 성례(세례와 성찬)

» 학습: 세례받기 전에 공부하는 것, 성례가 아니라 성례를 위한 준비 과정, 어떤 교단은 학습이 없음

» 세례: 물로 씻는 의식, 정식 교인이 되는 것,

침례(浸禮)라고도 함

» 성찬: 음식을 먹는 의식(떡, 포도주), 세례교인이
참여할 수 있음

» 집례: 목사가 집례함, 미리 광고한 후 교회당
에서 거행(거동이 불편한 분을 위해서 방문 집례 가능)

9. 교인의 생활

» 전도: 사람들에게 복음을 전하는 일

» 선교: 타 문화권 사람들에게 복음을 전하는
일, 광의적으로는 전도를 포함함

» 심방: 교인의 집이나 사업체를 방문하여 기도
하고 격려하는 일

» 금식: 음식을 먹지 않고 간절히 기도함

» 출생: 아기가 출생하면 담임목사가 축복기도
를 함

» 결혼: 담임목사의 주례를 받으려면 '학습'을
받고 일정을 상의해야 함

» 장례: 담임목사의 집례를 받으려면 별세 즉시
교회에 알리고 일정을 상의해야 함

» 소천(召天): 별세, 하늘(주님)의 부름을 받았다
는 뜻

» 명복(冥福): 저승에서 받는 복, 기독교에서 사
용하지 않는 용어

» 조상제사: 기독교는 부모 공경을 대단히 강조
함, 조상제사는 하지 않으며 추모예배를 드림

10. 성경에 나오는 원어들

» 할렐루야: 히브리어, 할렐루(찬양하라)+야(여호
와) - 뜻: 여호와를 찬양하라

» 알렐루야: 할렐루야의 라틴어 음역(주로 천주교
에서 사용함)

» 아멘: 히브리어 & 헬라어 - 뜻: 진실로, 옳습니
다, 그렇습니다, 동감합니다.

» 호산나: 아람어 - 뜻: 이제 구원하소서.

» 마라나타: 아람어, 주님의 재림을 기원하는 문
구 - 뜻: 주님, 오시옵소서.

질문과 대답

Q1. 기독교인이 되려면 어떻게 해야 하나요?

A. 기독교인이 되려면 예수님을 구원자로 영접하시고 성경의 가르침을 믿으셔야 합니다. 기독교에 대해 알고 싶으시면 언제든지 교회에 오셔서 교역자들과 상의해 주세요.

Q2. 교회에 교인으로 등록하려면 어떻게 해야 하나요?

A. 교회에 교인으로 등록하려면 주일예배에 참석하시기 바랍니다. 그리고 안내석에 마련된 등록카드에 간단한 사항을 써서 제출해 주십시오. 교역자들이나 안내위원들에게 문의하시면 교인 등록 절차와 교회 생활에 대해서 친절히 알려드리겠습니다. 기존에 교회를 다

니셨거나 교회에 처음 오셨거나 관계없이 교인 등록은 가능합니다.

Q3. 헌금은 꼭 해야 하나요?

A. 교회에 처음 나오는 분들은 헌금에 대한 부담을 지니고 있습니다. 헌금은 자발적으로 내는 것이고 선한 사업을 위해 자기 형편에 맞게 드리는 것이니 전혀 부담가지지 마시기를 바랍니다. 우리 교회는 헌금을 정확하게 관리하고 있으며 헌금내역을 투명하게 공개하고 있습니다.

Q4. 교회 봉사는 어떻게 할 수 있나요?

A. 교인으로 등록하시고 세례를 받으신 후 자신이 원하는 분야에서 봉사하실 수 있습니다. 교회에는 다양한 봉사 분야가 있으므로 자신에게 맞는 일을 찾아서 참여하시기를 바랍니

다. 봉사는 봉사하는 분이나 받는 분에게 큰
기쁨과 보람을 안겨 드립니다.

Q5. 성경과 기독교 교리에 대해서 알고 싶어요.

A. 우리 교회는 대단히 만족할 만한 성경 공부
와 교리 공부 프로그램을 운영하고 있습니
다. 교회에 등록하신 후 공부 모임에 참여하
셔서 말씀을 공부하신다면 삶이 바뀔 것입
니다.

Q6. 기독교인이 되지 않거나 교회에 등록하지
않고서도 기독교에 대해서 알 수 있을까요?

A. 네, 얼마든지 가능합니다. 일단 교회 홈페이
지와 유튜브에 있는 설교를 자유롭게 들으실
수 있습니다. 상담을 원하시면 전화로 약속
하신 후 교회를 찾아 주십시오.

Q7. 이미 기독교인인데, 교회에 등록하지 않고
그냥 다녀도 되나요?

A. 물론입니다. 우리 교회는 모든 분에게 열려
있습니다. 누구든지 부담 없이 다니실 수 있
습니다. 교인 등록은 언제든지 원하실 때 하
시면 됩니다.

Q8. 저는 기독교에 대해서 좋지 않게 생각하고
있습니다.

A. 오늘날 기독교가 사회에 잘못한 것이 많아서
대단히 송구합니다. 그렇지만 기독교는 근본
적으로 선한 일을 도모해 왔습니다. 우리 교
회 교인들은 세상의 빛과 소금이 되라는 주
님의 명령에 따라 도덕적으로 반듯한 삶을
살기 위해 노력하고 있습니다.

Q9. 교회는 자녀들을 위한 교육 프로그램을 가
  지고 있나요?

A. 네 그렇습니다. 우리 교회는 자녀들 교육에
  매우 각별한 관심을 지니고 있습니다. 우리
  교회는 자녀들의 교육을 위한 시설을 가지고
  있으며, 우수한 프로그램과 훈련된 교사들을
  보유하고 있습니다. 유아, 어린이, 청소년, 대
  학생, 청년의 신앙과 인격 함양을 위해서 최
  선을 다하고 있으니 믿고 맡겨 주십시오.

Q10. 기독교식으로 결혼식을 거행하거나 장례
  를 치르고 싶습니다.

A. 가능합니다. 교회는 기독교식 결혼 절차와
  장례 절차를 마련해 두었습니다. 기독교식으
  로 결혼식을 거행하거나 장례를 치르는 것은
  경건하며 엄숙하고 단정합니다. 결혼할 일이
  있거나 장례가 났을 때 교역자들에게 알려주
  시면 친절히 안내해 드리겠습니다.

도움이 되는 성경 구절

기도할 때

여호와와 그의 능력을 구할지어다 항상 그의 얼굴을 찾을지어다(**역대상 16:11**)

의인이 부르짖으매 여호와께서 들으시고 그들의 모든 환난에서 건지셨도다(**시편 34:17**)

환난 날에 나를 부르라 내가 너를 건지리니 네가 나를 영화롭게 하리로다(**시편 50:15**)

네가 부를 때에는 나 여호와가 응답하겠고 네가 부르짖을 때에는 내가 여기 있다 하리라(**이사야 58:9**)

구하라 그리하면 너희에게 주실 것이요 찾으라 그리하면 찾아낼 것이요 문을 두드리라 그리하면 너희에게 열릴 것이니 구하는 이마다 받을 것이요 찾는 이는 찾아

낼 것이요 두드리는 이에게는 열릴 것이니라(**마태복음 7:7-8**)

소망 중에 즐거워하며 환난 중에 참으며 기도에 항상 힘 쓰며(**로마서 12:12**)

항상 기뻐하라 쉬지 말고 기도하라 범사에 감사하라 이 것이 그리스도 예수 안에서 너희를 향하신 하나님의 뜻 이니라(**데살로니가전서 5:16-18**)

감사와 찬양을 올려드릴 때

너희는 가만히 있어 내가 하나님 됨을 알지어다 내가 뭇 나라 중에서 높임을 받으리라 내가 세계 중에서 높임을 받으리라(**시편 46:10**)

우리에게 향하신 여호와의 인자하심이 크시고 여호와의 진실하심이 영원함이로다 할렐루야(**시편 117:2**)

여호와의 인자와 긍휼이 무궁하시므로 우리가 진멸되지

아니함이니이다 이것들이 아침마다 새로우니 주의 성실하심이 크시도소이다(예레미야애가 3:22-23)

무엇을 하든지 말에나 일에나 다 주 예수의 이름으로 하고 그를 힘입어 하나님 아버지께 감사하라(골로새서 3:17)

믿음이 약해질 때

하나님이여 내가 늙어 백발이 될 때에도 나를 버리지 마시며 내가 주의 힘을 후대에 전하고 주의 능력을 장래의 모든 사람에게 전하기까지 나를 버리지 마소서(시편 71:18)

하나님이 세상을 이처럼 사랑하사 독생자를 주셨으니 이는 그를 믿는 자마다 멸망하지 않고 영생을 얻게 하려 하심이라(요한복음 3:16)

내가 주는 물을 마시는 자는 영원히 목마르지 아니하리니 내가 주는 물은 그 속에서 영생하도록 솟아나는 샘물

이 되리라(요한복음 4:14)

그런즉 누구든지 그리스도 안에 있으면 새로운 피조물
이라 이전 것은 지나갔으니 보라 새것이 되었도다(고린
도후서 5:17)

우리가 선을 행하되 낙심하지 말지니 포기하지 아니하
면 때가 이르매 거두리라(갈라디아서 6:9)

믿음이 없이는 하나님을 기쁘시게 하지 못하나니 하나
님께 나아가는 자는 반드시 그가 계신 것과 또한 그가 자
기를 찾는 자들에게 상 주시는 이심을 믿어야 할지니라
(히브리서 11:6)

볼지어다 내가 문 밖에 서서 두드리노니 누구든지 내 음
성을 듣고 문을 열면 내가 그에게로 들어가 그와 더불어
먹고 그는 나와 더불어 먹으리라(요한계시록 3:20)

힘들고 어려울 때

사람이 감당할 시험 밖에는 너희가 당한 것이 없나니 오직 하나님은 미쁘사 너희가 감당하지 못할 시험당함을 허락하지 아니하시고 시험당할 즈음에 또한 피할 길을 내사 너희로 능히 감당하게 하시느니라(**고린도전서 10:13**)

그러므로 우리가 낙심하지 아니하노니 우리의 겉사람은 낡아지나 우리의 속사람은 날로 새로워지도다(**고린도후서 4:16**)

내 형제들아 너희가 여러 가지 시험을 당하거든 온전히 기쁘게 여기라 이는 너희 믿음의 시련이 인내를 만들어 내는 줄 너희가 앎이라 인내를 온전히 이루라 이는 너희로 온전하고 구비하여 조금도 부족함이 없게 하려 함이라(**야고보서 1:2-4**)

시험을 참는 자는 복이 있나니 이는 시련을 견디어 낸 자가 주께서 자기를 사랑하는 자들에게 약속하신 생명의 면류관을 얻을 것이기 때문이라(**야고보서 1:12**)

너희가 이제 여러 가지 시험으로 말미암아 잠깐 근심하게 되지 않을 수 없으나 오히려 크게 기뻐하는도다 너희 믿음의 확실함은 불로 연단하여도 없어질 금보다 더 귀하여 예수 그리스도께서 나타나실 때에 칭찬과 영광과 존귀를 얻게 할 것이니라(베드로전서 1:6-7)

용기가 필요할 때

너희는 강하고 담대하라 두려워하지 말라 그들 앞에서 떨지 말라 이는 네 하나님 여호와 그가 너와 함께 가시며 결코 너를 떠나지 아니하시며 버리지 아니하실 것임이라(신명기 31:6)

강하고 담대하라 두려워하지 말며 놀라지 말라 네가 어디로 가든지 네 하나님 여호와가 너와 함께 하느니라(여호수아 1:9)

여호와께서 너를 지켜 모든 환난을 면하게 하시며 또 네 영혼을 지키시리로다 여호와께서 너의 출입을 지금부터

영원까지 지키시리로다(시편 121:7-8)

오직 여호와를 앙망하는 자는 새 힘을 얻으리니 독수리가 날개 치며 올라감 같을 것이요 달음박질하여도 곤비하지 아니하겠고 걸어가도 피곤하지 아니하리로다(이사야 40:31)

두려워하지 말라 내가 너와 함께 함이라 놀라지 말라 나는 네 하나님이 됨이라 내가 너를 굳세게 하리라 참으로 너를 도와 주리라 참으로 나의 의로운 오른손으로 너를 붙들리라(이사야 41:10)

무릇 하나님께로부터 난 자마다 세상을 이기느니라 세상을 이기는 승리는 이것이니 우리의 믿음이니라(요한1서 5:4)

걱정과 염려가 있을 때

여호와는 네게 복을 주시고 너를 지키시기를 원하며 여호와는 그의 얼굴을 네게 비추사 은혜 베푸시기를 원하

며 여호와는 그 얼굴을 네게로 향하여 드사 평강 주시기를 원하노라(**민수기 6:24-26**)

여호와는 나의 빛이요 나의 구원이시니 내가 누구를 두려워하리요 여호와는 내 생명의 능력이시니 내가 누구를 무서워하리요(**시편 27:1**)

내가 두려워하는 날에는 내가 주를 의지하리이다 내가 하나님을 의지하고 그 말씀을 찬송하올지라 내가 하나님을 의지하였은즉 두려워하지 아니하리니 혈육을 가진 사람이 내게 어찌하리이까(**시편 56:3-4**)

보라 하나님은 나의 구원이시라 내가 신뢰하고 두려움이 없으리니 주 여호와는 나의 힘이시며 나의 노래시며 나의 구원이심이라(**이사야 12:2**)

주께서 심지가 견고한 자를 평강하고 평강하도록 지키시리니 이는 그가 주를 신뢰함이니이다(**이사야 26:3**)

여호와의 말씀이니라 너희를 향한 나의 생각을 내가 아나니 평안이요 재앙이 아니라 너희에게 미래와 희망

을 주는 것이니라(예레미야 29:11)

수고하고 무거운 짐 진 자들아 다 내게로 오라 내가 너희를 쉬게 하리라(마태복음 11:28)

하나님이 우리에게 주신 것은 두려워하는 마음이 아니요 오직 능력과 사랑과 절제하는 마음이니(디모데후서 1:7)

너희 염려를 다 주께 맡기라 이는 그가 너희를 돌보심이라(베드로전서 5:7)

질병 치유를 원할 때

너희가 너희 하나님 나 여호와의 말을 들어 순종하고 내가 보기에 의를 행하며 내 계명에 귀를 기울이며 내 모든 규례를 지키면 내가 애굽 사람에게 내린 모든 질병 중 하나도 너희에게 내리지 아니하리니 나는 너희를 치료하는 여호와임이라(출애굽기 15:26)

여호와 내 하나님이여 내가 주께 부르짖으매 나를 고치셨나이다(**시편 30:2**)

그가 네 모든 죄악을 사하시며 네 모든 병을 고치시며 네 생명을 파멸에서 속량하시고 인자와 긍휼로 관을 씌우시며 좋은 것으로 네 소원을 만족하게 하사 네 청춘을 독수리같이 새롭게 하시는도다(**시편 103:3-5**)

믿음의 기도는 병든 자를 구원하리니 주께서 그를 일으키시리라 혹시 죄를 범하였을지라도 사하심을 받으리라(**야고보서 5:15**)

죄를 지었을 때

하나님이여 주의 인자를 따라 내게 은혜를 베푸시며 주의 많은 긍휼을 따라 내 죄악을 지워 주소서(**시편 51:1**)

하나님이여 내 속에 정한 마음을 창조하시고 내 안에 정직한 영을 새롭게 하소서(**시편 51:10**)

내가 의인을 부르러 온 것이 아니요 죄인을 불러 회개시키러 왔노라(**누가복음 5:32**)

너희는 이 세대를 본받지 말고 오직 마음을 새롭게 함으로 변화를 받아 하나님의 선하시고 기뻐하시고 온전하신 뜻이 무엇인지 분별하도록 하라(**로마서 12:2**)

만일 우리가 우리 죄를 자백하면 그는 미쁘시고 의로우사 우리 죄를 사하시며 우리를 모든 불의에서 깨끗하게 하실 것이요(**요한1서 1:9**)

계획을 세울 때

네 마음의 소원대로 허락하시고 네 모든 계획을 이루어 주시기를 원하노라(**시편 20:4**)

눈물을 흘리며 씨를 뿌리는 자는 기쁨으로 거두리로다 울며 씨를 뿌리러 나가는 자는 반드시 기쁨으로 그 곡식단을 가지고 돌아오리로다(**시편 126:5-6**)

너는 마음을 다하여 여호와를 신뢰하고 네 명철을 의지하지 말라 너는 범사에 그를 인정하라 그리하면 네 길을 지도하시리라(**잠언 3:5-6**)

너의 행사를 여호와께 맡기라 그리하면 네가 경영하는 것이 이루어지리라(**잠언 16:3**)

사람이 마음으로 자기의 길을 계획할지라도 그의 걸음을 인도하시는 이는 여호와시니라(**잠언 16:9**)

여호와가 너를 항상 인도하여 메마른 곳에서도 네 영혼을 만족하게 하며 네 뼈를 견고하게 하리니 너는 물 댄 동산 같겠고 물이 끊어지지 아니하는 샘 같을 것이라(**이사야 58:11**)

내가 반드시 너에게 복 주고 복 주며 너를 번성하게 하고 번성하게 하리라(**히브리서 6:14**)

사랑하는 자여 네 영혼이 잘 됨같이 네가 범사에 잘되고 강건하기를 내가 간구하노라(**요한3서 2**)

생각모음.ZIP

새 가족 안내서

초판 발행 2024년 11월 4일

초판 2쇄 2025년 2월 14일

지은이 황원하

발행인 이기룡

펴낸곳 생명의양식

등록번호 서울 제22-1443호(1998년 11월 3일)

주 소 서울특별시 서초구 고무래로 10-5(반포동)

전 화 (02)592-0986

팩 스 (02)595-7821

홈페이지 qtland.com

디자인 이새봄